Congrès international de la Presse Coloniale
(1900)

PROJET DE CRÉATION

D'UN

MUSÉE COLONIAL

A PARIS

RAPPORT

présenté à la Commission permanente du Congrès
de la Presse Coloniale

Par M. Ferd. LAURENS

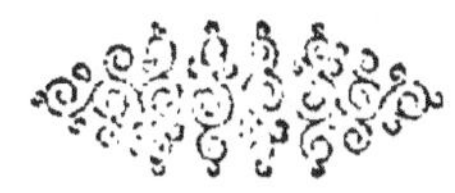

PARIS
IMPRIMERIE DE L'ALBUM NATIONAL
46, Rue Sainte-Anne.
—
1901

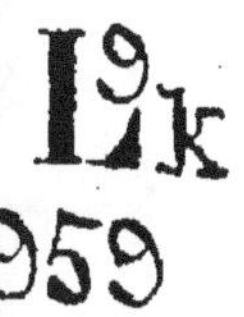

Congrès International de la Presse Coloniale

(1900)

PROJET DE CRÉATION

D'UN

MUSÉE COLONIAL

A PARIS

RAPPORT

présenté à la Commission permanente du Congrès
de la Presse Coloniale

Par M. Ferd. LAURENS

PARIS

IMPRIMERIE DE *L'ALBUM NATIONAL*

46, Rue Sainte-Anne.

—

1901

PROJET DE CRÉATION

D'UN

MUSÉE COLONIAL A PARIS

RAPPORT

présenté à la Commission permanente du Congrès de la Presse Coloniale

Par M. Ferd. LAURENS

CONSIDÉRATIONS GÉNÉRALES

Nécessités et avantages d'une Exposition coloniale.

L'essentiel pour la France, a dit un ministre, est bien moins de rechercher de nouveaux agrandissements de territoires lointains que de garantir fortement ce qu'elle a, d'en surveiller les approches et d'en tirer le meilleur parti.

« Tirer le meilleur parti » des colonies que nous avons, telle doit être en effet la formule de notre politique coloniale, car ce n'est pas uniquement dans le but de placer de vastes pays sous notre autorité, pour commander en maîtres à de nombreuses peuplades, que depuis vingt ans, aux quatre coins du globe, nous avons dépensé des millions et sacrifié de nombreuses et précieuses vies humaines. Nous avons désiré des colonies, et nous en avons acquis pour faire du commerce, pour vendre les produits dont nous ne trouvons plus un écoulement assez facile ou assez grand dans le monde civilisé, pour préparer à nos agriculteurs, trop à l'étroit sur la vieille terre de France, un nouvel élément d'activité. Nous avons, en un mot, acquis des colonies pour y faire de la colonisation. En avons-nous fait autant qu'il le fallait, autant que nous aurions dû, autant que nous l'aurions pu ? Hélas non. Les capitaux s'intéressent encore paresseusement aux affaires coloniales et le commerce y est récalcitrant. L'agriculteur, lui, continue à rester chez lui et c'est vainement qu'on lui montre ce qu'ont obtenu, en Algérie, en Tunisie, en Nouvelle-Calédonie, ceux qui ont été demander à ces terres, en sommeil depuis des siècles, ce que refuse de leur donner la terre de France appauvrie par des siècles d'exploitation. Quant à ceux qui, pour toute richesse, ont leurs bras noueux et solides, ils continuent à s'en aller en longues théories coloniser les plaines du Sud-Amérique, quand ils n'en fument pas la terre de leurs misérables dépouilles.

Mais est-ce bien la faute des capitaux s'ils ne se lancent pas dans les entreprises coloniales ? Est-ce la faute des commerçants s'ils n'ont pas encore établi, avec les colonies, un plus vaste courant d'échanges ? Est-ce la faute des paysans, s'ils continuent à porter leur misère et leur énergie vers les colonies américaines au lieu d'aller vivifier de leur travail les colonies françaises ? Est-ce même la faute de notre jeunesse, vaillante et audacieuse pourtant, si de l'expatriation dans le but de commercer, de créer des domaines agricoles, d'organiser des entreprises industrielles, il n'en a pas été suffisamment fait dans nos colonies françaises ? Non, parce que l'apathie des commerçants, les hésitations des capitalistes, la crainte des paysans et l'indifférence de la jeunesse ne sont que les conséquences de l'ignorance de tous.

Les renseignements financiers, agricoles, industriels, commerciaux ne manquent pas cependant, et personne n'ignore quelles peines se sont données de dévoués fonctionnaires, et quelles peines ils se donnent encore pour faire connaître à la France les colonies qu'ils administrent, pour attirer vers elles les capitaux et les colons. Rapports et renseignements ne manquent ni de précision ni d'intérêt, ni d'opportunité ni de suite, mais ils restent, hélas ! ignorés, malgré les efforts faits par la presse, par les associations, par les institutions officielles, par tous les coloniaux pour en assurer la diffusion. Combien rencontre-t-on de gens, en France, qui, pour avoir entendu parler d'une colonie, se mettent à la recherche de tous les documents susceptibles d'éclairer un coin, si petit soit-il, de la question, et, longuement, patiemment, fouillent dans toutes les bibliothèques, jusqu'au jour où, documentés à profusion, ils croient pouvoir calculer avec précision les résultats qu'il leur est permis d'escompter ?

Ce qu'il faut pour intéresser la masse de la nation aux entreprises coloniales, à l'avenir des colonies ; ce qu'il faut pour diriger vers les colonies de peuplement le courant d'émigration française qui va aux colonies étrangères ; ce qu'il faut enfin pour développer en notre pays l'élan colonial et surtout le rendre pratique, ce sont des « leçons de choses ». Si on veut apprendre aux Français à connaître les colonies françaises, il ne faut plus se contenter de dire ce qu'elles sont : il faut le montrer. Il faut montrer aux Français ce que rend la terre qu'on les engage à aller cultiver ; il faut leur montrer ce que produit l'industrie qu'on leur recommande de créer ; il faut placer sous leurs yeux les produits manufacturés qu'ils pourront vendre et les produits naturels qu'ils pourront acheter. Or, ces « leçons de choses » qui apprendront aux colonisateurs de l'avenir, à nos paysans sans terres, à nos ouvriers sans travail, à nos jeunes gens sans occupations, ce qu'ils peuvent attendre d'une émigration aux colonies, elles ne sauraient être mieux données que dans une exposition où, méthodiquement, sont classés tous les renseignements, groupés tous les échantillons, catalogués tous les produits. Mais encore faut-il que cette exposition soit un monument durable de l'effort colonial, en même temps qu'une maison permanente d'enseignement pour ceux qui veulent s'instruire et non la passagère exhibition de produits uniquement assemblés dans le but de montrer les progrès réalisés durant une période de temps limitée.

Certes, les avantages que présentent, pour les colonies, les expositions particulières ou générales organisées soit en France soit dans nos diverses possessions, à époques déterminées, ne sont point contestables. En outre qu'elles sont recommandables parce qu'elles appellent plus particulièrement l'attention sur une fraction ou sur l'ensemble de nos colonies, ou amènent à celles qui les entreprennent un nombre de visiteurs susceptibles de devenir à leur tour des colons, ces fêtes locales ont le grand mérite de montrer à la France les résultats obtenus par ses trop peu nombreux colonisateurs, de signaler aux colonies leurs progrès réciproques et d'établir entre elles une sorte d'émulation, de rivalité, de stimulant qui les pousse à augmenter sans cesse l'effort, dans l'espoir de se mutuellement surpasser. Mais ces expositions périodiques, si complètes soient-elles, si admirablement qu'on les organise, ne peuvent suffire à assurer la mise en valeur de notre domaine colonial. Ce n'est pas tous les cinq ans, ou tous les dix ans, qu'il faut apprendre aux Français à connaître les colonies : c'est tous les jours. Ce n'est pas au loin qu'il faut placer l'école : c'est dans la Métropole. Il ne s'agit pas d'amuser ; il s'agit d'instruire. Il ne s'agit pas d'instruire une élite ; il s'agit d'éduquer une masse. C'est pourquoi, Messieurs, le Congrès de la Presse coloniale a émis le vœu que « dans le plus bref délai possible, soit organisée une Exposition permanente des colonies. »

L'Exposition permanente du Palais de l'Industrie.

Si je ne vous parlais, Messieurs, de l'Exposition permanente disparue dans la poussière des démolitions du Palais de l'Industrie, nous paraîtrions, vous et moi, d'une ignorance par trop excessive et il semblerait qu'oublieux de choses connues de tous, nous voulussions nous poser en inventeurs d'un système depuis longtemps connu, que d'autres avant nous préconisèrent et qu'un ministre mit en application il y a dix ans déjà.

Je ne vous ferai cependant pas l'historique de cette Exposition ; si son origine remonte à 1855, ce n'est vraiment qu'en 1883, que son existence mérite d'être notée. Mais c'est en 1890 seulement que par un arrêté de M. Etienne, fut précisé, dans son ensemble, son vrai programme.

Cet arrêté dit que l'Exposition permanente a pour but :

« De faire connaître dans la Métropole, et notamment aux fabricants et aux commerçants, les produits des colonies françaises. ainsi que la manière de se les procurer avantageusement sur les lieux même de production.

« D'éclairer les habitants des colonies françaises sur les débouchés commerciaux qu'ils peuvent trouver en France et à l'Etranger pour le placement de leurs produits.

« De faire connaître aux industriels, aux commerçants de la Métropole les objets de provenance étrangère qui sont demandés ou consommés dans nos colonies.

« De vulgariser, dans nos colonies, les produits de l'industrie métropolitaine, en vue d'arriver à les faire accepter de préférence aux produits similaires de provenance étrangère ou concurremment avec eux ».

Il n'était pas possible de formuler programme plus pratique, plus susceptible de rendre de multiples et grands services.

L'Exposition permanente, non pas telle qu'elle fut conçue par M. Etienne, mais telle qu'elle existait au Palais de l'Industrie, donna-t-elle ce qu'on en avait attendu ? Les avis sont très partagés. Mais enfin, si elle n'était parfaite, cette Exposition coloniale était perfectible et méritait d'être continuée. Elle n'a que provisoirement disparu, dit-on ; mais comme nous savons tous que le provisoire est généralement ce qui dure le plus longtemps, notre Congrès a pensé qu'il était utile de rappeler cette question à l'attention du monde colonial, et vous avez décidé, Messieurs, pour hâter la réalisation de ce vœu, qu'il convenait d'arrêter les bases de l'organisation d'une Exposition permanente des colonies françaises, d'en définir le but, d'en préciser le programme, d'en détailler le fonctionnement, c'est-à-dire d'établir un projet complet, avec ses voies et moyens d'exécution, projet devant, dans votre pensée, servir de base à une utile discussion, s'il n'est, d'enthousiasme, adopté dans la régularité de ses lignes.

Peut-être estimera-t-on que nous avons fait trop vaste, que nous avons vu trop grand. Vous penserez certainement qu'il est préférable qu'on nous reproche de trop grandes que de trop petites vues. Puis, à ceux qui diront que nous ne sommes pas assez ménagers des deniers publics, nous montrerons l'exemple de l'Angleterre dont l'Impérial Institut, qui, M. Guillain l'a reconnu, « a contribué pour une large part aux prodigieux développement économique de la Grande Bretagne », absorbe annuellement près de 10 millions de francs.

La France, a-t-on dit, est assez riche pour payer sa gloire. Peut-être convient-il qu'elle dise aussi que malgré beaucoup de dépenses superflues il lui reste encore de suffisantes ressources à consacrer à d'utiles œuvres de propagande, dont le moindre résultat sera de contribuer à son développement économique. Enfin je me justifierais auprès de vous, Messieurs, si la chose pouvait être nécessaire, en vous rappelant que l'expérience a démontré que ce qui, dans le domaine de l'information commerciale, est entrepris mesquinement, de façon incomplète, avec renvoi à plus tard pour complément, amélioration, perfectionnement, n'a fait que péricliter, pour disparaître sans avoir donné ce qui était attendu. C'est parce qu'on a commencé sans aucune largeur de vues la création de musées commerciaux, que nous nous trouvons au dernier rang des nations possédant de ces institutions. C'est parce qu'on a vu trop petit, que le bureau des renseignements coloniaux n'a donné aucun résultat; c'est parce qu'on a lésiné que l'Exposition permanente défunte, ainsi que le constatait récemment M. Mengeot au Congrès international de Géographie économique et commerciale, « n'a jamais rendu les services que les industriels et les commerçants étaient en droit de lui demander ».

Comment on doit comprendre une Exposition coloniale.

Pour définir exactement ce que doit être une Exposition coloniale permanente, il est nécessaire, avant tout, de préciser son but. Or, ce but n'a pas été entièrement déterminé dans l'arrêté de M. Etienne dont j'ai cité le texte. Si, en effet, les opérations commerciales, possibles dans les colonies, ont été toutes envisagées dans ce programme ministériel d'il y a dix ans, la colonisation par l'agriculture ou l'industrie y tient une place trop effacée. Le but d'une Exposition coloniale permanente, au lendemain de la fermeture de l'Exposition de 1900, doit être de montrer journellement à la France ce que sont vraiment les colonies dont on lui parle tant et qu'elle connaît si peu, et dont, faute de place, il ne lui a été donné, nous le reconnaissons tous, qu'un aperçu très imparfait et très incomplet. Il s'agit, comme l'a dit un jour en excellents termes M. Trouillot, quand il était ministre des colonies, « de tirer parti d'un immense domaine touchant à tous les points du globe, fécondé par les climats les plus variés, apte à toutes les productions et qui peut devenir un des plus puissants facteurs de la richesse nationale ; il s'agit d'attirer à la Métropole et aux Colonies le mutuel bienfait d'une clientèle incomparable ; il s'agit d'ouvrir un nouveau marché à des capitaux qui ne trouvaient pas d'emploi ; il s'agit enfin de donner du champ à une population qui a cessé de s'accroître, qui végète dans un fonctionnarisme stérile, en lui montrant au loin, sans limites, de vastes régions qui contiennent toutes les formes de la richesse et qui promettent une récompense largement rémunératrice à tous les efforts, à toutes les activités, à toutes les énergies ».

Le but d'une Exposition permanente est donc double. Elle doit d'abord faire la preuve de l'utilité des colonies. Pour cela les résultats étant de beaucoup préférables aux raisonnements et les faits bien supérieurs, comme démonstration, aux probabilités les mieux échafaudées, il faut, en regard des efforts tentés, présenter les résultats obtenus. En montrant ce qu'étaient certaines villes autrefois et ce qu'elles sont devenues, en mettant sous les yeux des visiteurs la représentation de certaines contrées avant leur mise en culture et ce qu'elles sont maintenant, en plaçant à côté l'une de l'autre la cabane du nouveau débarqué et la villa du colon enrichi, en montrant ce qu'était l'indigène et ce qu'il est, comment il vivait et comment il vit, l'Exposition permanente fera la démonstration de l'utilité des colonies, comme est faite, en marchant, la preuve du mouvement.

L'Exposition permanente doit aussi expliquer l'utilisation possible des colonies et pour cela, si elle doit comprendre des collections de marchandises d'exportation et d'importation, des produits naturels et des marchandises fabriquées, il faut aussi qu'elle montre ce qu'on obtient de la terre, de quelles industries ses produits demandent ou peuvent faciliter la création. Il faut enfin que l'Exposition permanente apprenne à l'émigrant quel genre de travail il peut espérer trouver et quel genre de vie il devra mener s'il se décide à l'expatriation.

Comme l'a fort bien dit M. Delavaud, membre du Comité consultatif des colonies : « Sans compter les agriculteurs et les industriels dont les commerçants sont les intermédiaires vis-à-vis des consommateurs, en écoulant leurs produits consommables, tels quels ou en qualité de matières premières, il existe, en dehors de ce mouvement d'échanges, des professions qui concourent à la prospérité de la contrée. Notre Exposition coloniale doit donc, d'une part viser tous les colons, et d'autre part, dans la Métropole, les négociants et les industriels d'abord, puis les individus de diverses professions, susceptibles de coloniser ou de visiter les colonies ; enfin ceux que les colonies intéressent : autant dire tout le monde en France ».

Je ne crois pas, cependant, qu'il faille étendre trop loin l'horizon de l'Exposition coloniale et j'estime qu'il serait plutôt dangereux d'éparpiller son action bienfaisante sur un champ trop vaste, de la disséminer sur un trop grand nombre de sujets. Je veux dire qu'il est préférable de laisser à d'autres institutions le soin de présenter et classer la faune et la flore des colonies, de réunir de scientifiques collections géologiques, ethnographiques, etc., etc. Ce sont là sciences ayant déjà leurs temples élevés par les soins et le travail de plusieurs générations de savants. Il ne s'en suit pas qu'il faille renoncer à agrémenter l'Exposition coloniale de plantes décoratives, de dépouilles d'animaux, de reproductions de types et de costumes. Pour être instructive une Exposition coloniale ne doit pas, forcément, être sévère comme une classe d'Université et triste comme une nécropole. Il faut savoir, avec à-propos, joindre l'agréable à l'utile : l'un ayant besoin de l'autre pour se faire accepter. Il est nécessaire aussi de faire appel au pittoresque pour retenir l'attention de ceux qui, s'ils ne sont attirés par de curieuses choses, passeront indifférents devant celles qu'il leur peut être indispensable de connaître. C'est ce qu'ont parfaitement compris les Belges quand, il y a deux ans — au moment où disparaissait notre Exposition permanente des colonies — ils ont organisé leur exposition du Congo au château de Tervueren.

S'il est bon, en effet, d'appliquer aux transactions commerciales, la méthode de l'enseignement par l'aspect, cette méthode sera d'un secours plus précieux encore pour l'émigration aux colonies et la colonisation agricole. Le paysan de France, dans la cervelle duquel aura germé l'idée vague d'aller coloniser quelque terre française au-delà des mers, se décidera bien plus vite et plus facilement au départ si, après lui avoir donné des renseignements sur le pays, son climat, le moyen de s'y rendre, d'y acquérir des terres et de les cultiver, on met sous ses yeux, par la photographie ou la reproduction à l'aide de mannequins, quelques scènes de la vie journalière des indigènes et des colons. A l'Exposition du Trocadéro, la ferme boër n'a certainement pas été une des moindres curiosités.

Institutions analogues à l'étranger.

Au point de vue de l'importation et de l'exportation des marchandises, si nous prenons pour base de l'organisation d'une Exposition permanente des colonies, le programme énoncé par M. Etienne en 1890 — et j'ai dit que ce programme est des plus pratiques et des mieux conçus — c'est en somme un Musée commercial qu'il s'agit de créer.

Musée commercial ! Voilà une institution dont il a été beaucoup parlé en France depuis 1884, époque où parut, à l'*Officiel*, le rapport de M. le sénateur Claude (des Vosges) sur ce sujet. Mais pendant que nous nous dépensions en discussions stériles, comme ils le font pour toutes les idées, pour toutes les innovations qu'ils reconnaissent bonnes, les étrangers s'emparaient immédiatement de la nôtre et la mettaient à exécution. Et dès 1885, M. Julien Hayem constatait, dans un rapport à la *Société d'encouragement pour le Commerce d'exportation* que « grâce à l'*Union du Commerce allemand* les échantillons et modèles des fabricants a'lemands pénétraient sur les marchés étrangers les plus éloignés » et M. Hayem ajoutait : « Il n'est pas un point habité du globe, ouvert depuis longtemps ou tout récemment au commerce, avec lequel les fabricants allemands n'aient déjà noué ou essayé de nouer des relations. Un homme digne de foi et particulièrement compétent, racontait il y a quelques jours à votre rapporteur, qu'étant dans un village presque inconnu de la Saxe et peuplé seulement de 600 à 700 habitants, il avait rencontré six fabricants qui faisaient des affaires directes avec l'Afrique, l'Amérique du Sud et l'Australie. Chacun de ces fabricants était au courant de tous les débouchés nouveaux conquis sur le territoire africain et entretenait ou projetait des relations avec des comptoirs qui datent à peine de quelques jours ».

L'Allemagne, l'Autriche, la Hollande, la Belgique et aussi l'Angleterre, comprirent donc, de suite, que l'échantillon n'est pas à dédaigner pour l'instruction du commerçant, qu'il ne doit pas être considéré comme secondaire et passer après le renseignement, mais qu'il est le complément indispensable de celui-ci. C'est dans ce but que furent fondés et que fonctionnent l'*Export-Müsterlager* de Stuttgard, l'*Export-Verein* de Dresde, les musées commerciaux de Munich, de Francfort, de Cologne, de Berlin, de Leipzig, le *Kereskedelmi Museum* de Buda-Pesth, le musée de Vienne et celui de Bruxelles qui peut être considéré, encore actuellement, comme le modèle du genre, enfin l'*Impérial Institut* de Londres.

En France rien, ou presque rien de ce genre n'existe encore. Administrativement il a été créé 25 ou 26 musées commerciaux ; en fait il n'en est que 3 ou 4, à peine, qui fonctionnent normalement, parmi lesquels celui de Lille, fort bien compris et celui de Rouen inauguré il y a trois ans. Les autres existent sur le papier mais ne possèdent ni fonds, ni collections, ni personnel.

Au point de vue colonial il y a un musée à Marseille fondé et dirigé par le Dʳ Heckel, un projet pour Bordeaux et un autre projet pour Lyon. Enfin, il y a dix ans, la création d'un Musée National du Commerce et de l'Industrie a fait l'objet, à la Chambre de Commerce de Paris, d'un remarquable rapport de M. J. Cousté son président. Et c'est tout, malgré les efforts tentés en vue de la création de ces « leçons de choses » si utiles que, dès 1886, dans une brochure sur les *Chambres de Commerce françaises à l'étranger*, je considérais comme le complément, le perfectionnement inévitable de nos assemblées commerciales, ce qui faisait dire à M. le sénateur Claude, promoteur de la création des Musées commerciaux : « Vous avez montré le lien qui unit ces institutions. Je dirai même qu'après vous avoir lu on ne comprend pas qu'elles existent l'une sans l'autre ».

Si je me suis étendu sur cette question des Musées commerciaux, Messieurs, c'est que, au cours de nos échanges de vues, vous vous êtes demandé si l'Exposition coloniale devait être uniquement un musée, une école, où les épris de la colonisation et les simples curieux verront ce que produisent et ce que consomment les colonies, où ils apprendront ce qu'il y a à entreprendre dans ces pays neufs, ou bien si, adoptant le système usité chez quelques nations étrangères, cette Exposition devait être en même temps une agence mettant en rapports directs le producteur et le consommateur, le vendeur et l'acheteur. Nous n'avons pas été les seuls à nous poser cette question. Au Congrès international de Géographie économique et commerciale elle a été aussi longuement discutée, et les économistes qui constituaient cette assemblée ont ardemment bataillé sur le principe d'organisation des Musées commerciaux, à l'occasion d'un rapport de M. Paul Zilling, conseiller du commerce allemand, et directeur de l'*Export Müsterlager* de Stuttgart, lequel a exposé très clairement l'origine et l'organisation de cette institution et dit les résultats qu'elle a donnés en quelques années.

Mais c'est à tort, je crois, que l'on compare les syndicats allemands et les musées commerciaux. L'*Export Müsterlager* de Stuttgart, par exemple, est bien un musée, mais c'est en même temps une agence formée par le groupement de 500 souscripteurs, tous fabricants wurtembergeois, payant une annuité de 25 marks, laquelle leur donne droit à la concession d'une surface de 1 mètre carré pour y déposer leurs échantillons. Les étrangers peuvent aussi, moyennant une indemnité, exposer leurs produits, si ces produits ne sont pas, par leur nature, pour concurrencer des produits semblables du Wurtemberg. Les collections ne sont montrées qu'aux acheteurs et la société perçoit une commission sur les opérations.

Il en est de même aux musées de Hambourg, de Mannheim, de Cologne. Celui de l'*Export Verein* de Dresde fonctionne dans les mêmes conditions, avec cette différence, toutefois, que Stuttgart attend la venue de l'acheteur, tandis que Dresde, par des agents, va le chercher chez lui. Ces musées sont donc de véritables maisons de commerce qui non seulement traitent des affaires sur place, mais se chargent de l'achat de produits allemands pour le compte de maisons étrangères. Ce sont de simples agences, des syndicats d'exportateurs comme, en 1881, M. Hayem proposait à la *Société d'Encouragement* d'en créer, en lui soumettant une sorte de contrat qui était plutôt un large cadre qu'un modèle achevé et arrêté en toutes ses parties. Il en est de même du *Kereskedelmi* de Buda Pesth et des agences italiennes de Belgrade, d'Amsterdam, de Las Palmas, etc.

Il ne saurait être question, Messieurs de faire de l'Exposition coloniale une institution de ce genre. L'Exposition coloniale devant être en raison de son but même et de son programme, une institution d'État — et j'entends dire par là une institution créée dans l'intérêt général et non au profit de quelques-uns — ne peut être qu'une école. Autoriser des fonctionnaires à traiter des affaires ou même seulement leur permettre de les faciliter en mettant directement en relations vendeurs et acheteurs, serait vouloir créer un nid à perpétuels conflits, une source intarissable de chicanes et de difficultés, un incessant sujet d'accusations graves, sans compter la levée de boucliers, très justifiée d'ailleurs, que pareille mesure susciterait dans le monde des intermédiaires. Peut-être dira-t-on qu'au Musée de Buda-Pesth, subventionné par le Gouvernement, on traite des affaires ? On oublie de remarquer que ce musée comprend deux parties : l'une, officielle, qui n'est qu'une exposition ; l'autre, commerciale abandonnée à l'initiative privée.

C'est le système que vous êtes d'avis d'adopter pour l'Exposition coloniale, qui ne sera qu'un musée, qu'une école ; ce qui n'empêchera pas les particuliers de fonder, à côté, mais tout à fait indépendante, une agence — Export Müsterlager de Stuttgart ou Export Verein de Dresde — où acheteurs de produits coloniaux et vendeurs de marchandises pour les colonies trouveront des intermédiaires, sans aucune attache officielle avec l'Exposition, qui seront dévoués aux intérêts de leurs mandants en raison de l'importance de la rémunération qu'ils recevront de leurs bons offices. On a dit que s'ils étaient autorisés à aider à la réussite des affaires, les fonctionnaires, étant rétribués en raison des services qu'ils rendraient, auraient intérêt à avoir toujours le cerveau meublé de renseignements très précis et à faire naître l'occasion de les utiliser, au lieu de s'engourdir dans l'indifférence. Nous verrons plus loin qu'il est une autre façon, plus pratique et moins dangereuse, de stimuler le zèle des agents de l'État.

Avant de terminer l'exposition des considérations générales qui militent en faveur de la création d'une Exposition coloniale permanente, qu'il me soit permis, Messieurs, de répondre à une observation qui sera faite parce qu'elle a déjà été lancée. Il est regrettable, a-t-on dit au Congrès de Géographie économique, qu'on ait cru devoir former un *office colonial*, en partie en concurrence avec *l'office national du commerce extérieur*, ce dernier devant s'occuper de l'extension des débouchés « dans les pays étrangers, les colonies françaises, les pays de protectorat ». Une seule direction, a-t-on ajouté, devrait exister avec des sections spéciales de colonisation, d'émigration, etc. Ce serait d'abord, me paraît-il, de la centralisation à outrance et la réunion forcée d'intérêts parfois diamétralement opposés. Les critiques ont oublié aussi que le Ministère du Commerce — cela paraît bizarre et cela est pourtant — ne s'occupe du commerce colonial qu'en ce qui concerne les tarifs douaniers. De toutes les autres questions, de tous les autres problèmes coloniaux, le Ministère des Colonies seul est saisi. Et, de fait, jamais on n'a vu encore le Ministère du Commerce, qui fréquemment envoie des missionnaires en pays étrangers, étudier les divers modes d'échanges, diriger une de ses missions commerciales vers les colonies. Les mêmes critiques ont fait erreur aussi, d'ailleurs, quand ils ont dit qu'en fusionnant les services du « commerce extérieur » et ceux de « l'office colonial » nous « imiterions nos voisins les Belges et cela ne serait pas plus mal ». Les Belges ont un très beau Musée Commercial qui, je l'ai dit, est encore pris pour modèle, mais cela ne les empêche pas d'avoir, à Tervueren, un musée pour le Congo.

L'Exposition coloniale permanente n'empêchera nullement la création d'un musée commercial, comme le demandait, il y a dix ans, la Chambre de Commerce de Paris. Mais un Musée Commercial, si jamais il existe, ne peut pas, ne doit pas empêcher ou absorber l'Exposition Coloniale.

ORGANISATION DE L'EXPOSITION

Son emplacement.

L'Exposition coloniale permanente bien définie et son but exactement précisé, où convient-il de l'installer ? A Paris, cela va sans dire, bien que quelques-uns aient prétendu que sa place était indiquée dans un de nos grands ports maritimes d'où partent les relations métropolitaines avec les colonies. Il ne faut pas, en effet, que l'Exposition coloniale reçoive seulement la visite de ceux qui ont la ferme intention d'apprendre à connaître les colonies françaises, de ceux qui ont envie de s'instruire ; il faut qu'elle retienne surtout ceux qui n'auront pas entrepris un voyage pour elle, mais qui, occasionnellement, par curiosité, pour se distraire, dans l'espoir de rencontrer du « pas vu », de l'inédit, se risqueront à lui faire une petite visite. C'est à Paris qu'aboutissent tous les efforts, c'est vers Paris que convergent toutes les bonnes volontés. C'est à Paris que la province vient chercher le savoir ; c'est à Paris aussi qu'elle vient demander des distractions.

Malgré toutes les excellentes raisons que d'autres villes pourraient invoquer en faveur de leur choix, c'est encore la capitale qui doit entraîner nos préférences, parce que Paris, avec ses attractions multiples et ses plaisirs variés sera toujours pour la Province un but de pèlerinage annuel. Cela ne veut pas dire qu'il ne faut pas créer d'autres musées coloniaux, que celui du Dr Heckel à Marseille, pour lequel la municipalité de cette ville a voté 450.000 fr., que celui qu'a l'intention de fonder la Chambre de Commerce de Lyon, que celui que projette la Société de Géographie commerciale de Bordeaux n'auront pas leur utilité. Tous ces musées rendront de précieux services à la cause coloniale, mais il est à prévoir qu'ils seront orientés uniquement, ou plus spécialement, en vue des colonies où l'industrie et le commerce de la région ont plus de chances d'établir des relations Il faut donc une Exposition qui, organisée en vue de la mise en valeur de toutes les colonies, les présente toutes de la façon la plus complète. Et puisque c'est à Paris qu'est l'Ecole Coloniale, où se forment nos administrateurs futurs et aussi, nous voulons l'espérer, beaucoup de futurs colons, c'est à Paris aussi que doit être installée l'Exposition coloniale, où les élèves de l'école spéciale pourront puiser d'utiles et précieuses indications et former leur expérience à la vue des choses.

Enfin, si, comme notre Congrès l'a déclaré dans son vœu, l'Exposition coloniale doit être la continuation d'un effort fait pour porter à la connaissance du grand public la richesse coloniale de la France, cette considération impose le droit de Paris C'est d'elle aussi qu'il convient de s'inspirer pour faire choix de l'emplacement.

« Nous devons, écrivait en 1898 M. Saint-Germain, sous-directeur de l'Exposition coloniale de 1900, donner un caractère imposant à cette manifestation qui sera le couronnement des efforts heureux faits depuis quinze ans pour élargir notre empire colonial. Si en 1889 l'emplacement réservé à l'Exposition a été parcimonieusement accordé, il ne doit pas en être de même en 1900 » Ce n'est donc pas la faute des organisateurs si l'Exposition coloniale du Trocadéro est petite, mesquine, étriquée. Limitée par l'espace, gênée par le voisinage des colonies étrangères dont les exigences furent grandes, en raison sans doute de l'obligation dans laquelle la France se trouvait placée de s'effacer devant ses hôtes, de leur offrir les meilleurs et les plus vastes emplacements, de petit qu'il était pour une Exposition des Colonies françaises, le Trocadéro devenait exigu du moment où on enserrait en ses limites étroites, non seulement les colonies étrangères mais toutes les attractions exotiques.

Fatalement l'exiguité des emplacements devait entraîner le manque de clarté dans les expositions. Confinées en de trop restreints espaces, les colonies n'ont pu songer à montrer toutes leurs richesses sous le jour le plus convenable et avec toute la méthode scientifique désirable. Qu'il n'en soit pas ainsi fait à l'Exposition permanente et pour cela que le terrain ne lui soit pas parcimonieusement mesuré.

Pour l'Exposition coloniale de 1900, le Trocadéro étant jugé insuffisant, nombre d'autres emplacements furent mis en avant. Il fut question de Courbevoie, du plateau de Meudon, de Saint-Germain, du bois de Vincennes, de la Muette, du jardin des Tuileries et surtout de Saint-Cloud. Pour l'Exposition permanente il doit être fait choix d'un terrain ; assez vaste pour que toutes les colonies françaises puissent, à l'aise, exposer, et dans le cadre le plus avantageux ce qu'elles font, ce qu'elles sont ; assez central pour ne pas effrayer le visiteur éventuel par la perspective d'une longue course. En outre, il est d'une absolue nécessité que ce terrain puisse être définitivement acquis à l'Exposition permanente, qui sera pour l'enseignement colonial ce qu'est le Jardin des Plantes pour l'histoire naturelle, en même temps qu'elle constituera pour Paris un embellissement et une curiosité nouvelle à visiter par les provinciaux et les étrangers que leurs affaires ou leurs plaisirs appellent dans la capitale.

De tous les emplacements déjà cités il n'en est pas qui remplissent les conditions exigées : les uns sont trop éloignés, les autres ne pourraient être cédés qu'à titre temporaire. Mais pourquoi chercher bien loin ce que nous avons sous la main ? Pourquoi l'Exposition coloniale de 1900 ne passerait-elle pas simplement l'eau et n'irait-elle pas, du Trocadéro, s'installer au Champ de Mars quand le Champ de Mars sera déblayé. Il ne saurait être question d'affecter à l'Exposition permanente des Colonies la totalité du terrain qui de la Seine s'étend jusqu'à la Galerie des Machines. Mais il y aura, autour de la tour Eiffel, de l'avenue de La Bourdonnais à l'avenue de Suffren, une étendue suffisante où l'Exposition coloniale permanente serait fort bien située.

Par une convention passée entre l'État et la Ville de Paris, cession a été faite à cette dernière de l'ensemble des terrains du Champ de Mars, sous réserve de certaines conditions, parmi lesquelles l'emploi de la surface pour des Expositions internationales. Il est permis de croire que l'Exposition de 1900 terminée, de sitôt la France ne conviera pas les Nations à une nouvelle fête du Travail et de la Paix. Soit que les résultats n'aient pas répondu aux espérances, soit qu'on reconnaisse difficile de faire plus grand et mieux que ce qui a été fait, il est infiniment probable que de longtemps le Champ de Mars ne sera pas employé à une Exposition internationale. C'est donc sans aucune difficulté, sans aucune infraction au contrat intervenu entre l'État et la Ville de Paris que partie du Champ de Mars pourrait être affectée à une Exposition coloniale qui, pour n'être pas internationale, n'en serait pas moins profitable à la France. Et puis, dût-il y avoir encore une Exposition universelle, que l'Exposition coloniale serait placée de façon à ne gêner personne, sans être gênée elle-même, puisqu'elle abandonnerait le Trocadéro tout entier aux colonies étrangères.

M. Guillotin, ancien juge au Tribunal de commerce, rappelait, il y a quelques jours, l'idée de M. Alphand, de faire du Champ de Mars les Champs Élysées de la rive gauche, d'affecter une partie de ses terrains à un parc, dans le genre du parc Monceau, avec large voie centrale ménageant la perspective du Trocadéro, ayant des jardins en bordure et des constructions à la suite. C'est évidemment là très beau projet, cadrant très bien, d'ailleurs, avec le nôtre. Les pavillons gracieux, élégants ou bizarres des colonies françaises, disséminés dans une flore exotique, laissant libre l'immense arcade de la tour Eiffel pour ménager la perspective du Trocadéro, ne nuiraient en rien, me semble-t-il, au contraire, au projet grandiose rappelé par M. Guillotin et dont l'examen et la discussion s'imposeront avant qu'il soit longtemps

Ses constructions.

L'emplacement arrêté, comment doit être conçu le plan des bâtiments de l'Exposition coloniale? Faut il construire un grand immeuble dans lequel seront logés tous les services, ou bien est-il préférable d'adopter le système des pavillons particuliers pour chaque colonie ? Ici se place une question de principe à trancher : celle de la classification des produits.

On a reproché à l'Exposition universelle de 1900 de n'être pas suffisamment claire au point de vue de l'indication d'ensemble des progrès réalisés par les nations et on a souvent mis en avant le mode d'agencement adopté à l'Exposition de 1867 dont le plan circulaire permettait de se rendre compte : dans une direction, des progrès accomplis par une industrie ; dans une autre direction, des progrès réalisés par un pays dans toutes les industries.

Pour un musée commercial on préconise, avec juste raison, le classement par catégories de marchandises, réunissant ensemble tous les produits similaires quelle que soit leur origine.

A une Exposition coloniale convient uniquement le groupement par colonie, car s'il n'est pas utile de mettre en parallèle les progrès des industries dont à peine quelques-unes sont communes à plusieurs colonies, il ne serait nullement avantageux de réunir ensemble des marchandises similaires et de présenter côte à côte, par exemple, celles en usage à Madagascar et celles que la Métropole expédie aux Antilles. La construction d'un seul grand bâtiment dans lequel seraient enfermées toutes les collections coloniales ne me parait donc pas répondre au but proposé ; elle aurait, en outre, le grand désavantage de ne pas permettre de donner à cette exposition, à ce musée des colonies, toute l'originalité, tout le pittoresque nécessaire pour attirer les oisifs et retenir les indifférents.

Il est préférable de constituer l'Exposition coloniale avec l'imprévu que des constructions de style original lui peuvent donner, c'est-à-dire de refaire, à titre définitif, ce qui a été fait au Trocadéro à titre provisoire, en limitant moins parcimonieusement la place à chaque colonie, en permettant à toutes de donner à leur exposition l'étendue que comporte leur importance. C'est par cette variété de constructions, définitives et non précaires comme celles du Trocadéro, d'une originalité toute exotique, disséminées dans des jardins où sa flore spéciale formera à chaque colonie un cadre de verdure harmonieuse, qu'on fera de l'Exposition coloniale permanente un lieu fréquenté, d'où quiconque venu en curieux sortira colonial convaincu, où le moins préparé apprendra, au cours d'une agréable promenade, des choses qu'il ignore, auxquelles il s'intéressera d'abord et dont il tirera profit ensuite.

Par contre, je ne crois pas utile d'affecter un pavillon spécial à chaque colonie. Outre que la dépense serait excessive, cet isolement ne serait pas avantageux pour toutes nos possessions d'outre-mer dont certaines ne pourraient avoir que de trop minuscules pavillons.

Classification générale.

A l'Exposition permanente il ne devrait pas être non plus procédé comme à celle du Trocadéro où, parce qu'elles n'étaient pas assez importantes ou assez riches pour s'offrir un pavillon particulier, des colonies situées aux antipodes les unes des autres se trouvèrent cependant groupées, comme Saint-Pierre et Miquelon qui voisinait avec la Côte des Somalis, et Mayotte dont le diorama fraternisait avec celui des îles Marquises.

Une classification plus normale, un groupement plus rationnel s'impose et si des collections de colonies diverses doivent être réunies dans un local commun, encore faut-il que cette réunion soit faite dans l'ordre géographique.

Les **Colonies d'Afrique** pourraient être groupées comme suit :

Afrique Septentrionale. Algérie, Tunisie.

Afrique Occidentale. Sénégal, Soudan, Guinée, Côte d'Ivoire, Dahomey.

Afrique Centrale. Gabon, Congo, Oubanghi.

Afrique Orientale. Réunion, Madagascar, Djibouti.

Les **Colonies d'Asie** seraient divisées en deux groupes : l'Inde française et le Cambodge d'une part ; l'Annam et le Tonkin d'autre part.

Les **Colonies d'Océanie** ne formeraient qu'un seul groupe avec : la Nouvelle-Calédonie, Tahiti, les îles Marquises.

Les **Colonies d'Amérique** seraient également réunies sous le même toit : St Pierre et Miquelon, la Guadeloupe, la Martinique et la Guyane.

Ce groupement, par colonies d'un même continent, n'empêcherait pas la construction d'un bâtiment central, de proportions plus restreintes, naturellement, que s'il devait contenir toutes les collections coloniales et tous les services de renseignements et d'administration qui en découlent. Dans ce bâtiment seraient réunis, avec les bureaux de l'administration de l'Exposition, les renseignements généraux communs à toutes les colonies et ceux qui, rassemblés, peuvent aider à la formation d'une idée d'ensemble de l'importance du domaine colonial de la France, de son commerce, de son industrie, de sa colonisation.

Dans ce bâtiment on verrait, par exemple : les grandes cartes de nos possessions d'outre-mer, avec indication des lignes de bâteaux à vapeur, des câbles sous-marins ; des statistiques murales, non peintes à même la muraille, mais établies sur des planchettes mobiles permettant leur renouvellement chaque année et le remplacement de la plus ancienne par celle de l'année récemment terminée.

Et puisque je viens de parler de renseignements généraux, il est bon, en terminant ce chapitre, de répondre dès maintenant à ceux qui objecteront peut-être que l'Exposition permanente ne demande ni tant de dépenses, ni tant de complications pour rendre d'utiles services. Ceux-là croient qu'il suffirait de doter l'*Office Colonial*, dont M. Guillain a réglé le fonctionnement, des collections réunies en ce moment au Trocadéro pour avoir, sans grands frais et sans grande peine, une Exposition coloniale permanente. C'était d'ailleurs, ajouteront-ils, le projet de M. Guillain lui-même qui, dans son rapport du 14 mars 1899 au Président de la République, dit que l'*Office Colonial* comprendra :

1º Un service de renseignements et d'émigration.

2º Une exposition permanente contenant tous les échantillons de produits coloniaux (importation et exportation) et les types des produits métropolitains les plus demandés par nos clients indigènes.

3º Une bibliothèque ouverte au public.

Aussi n'ai-je point l'intention de demander la création, à côté de l'*Office Colonial*, d'une institution concurrente qui, avec elle, ferait double emploi. Dans ma pensée l'*Office Colonial* sera l'Exposition permanente et l'Exposition permanente sera l'*Office Colonial*. Ce que l'*Office* dit, aujourd'hui, l'Exposition permanente le montrera demain. Mais ce que vous ne voulez pas, ce que ne veulent pas les coloniaux, c'est que soit recommencé ce qui s'est passé après les Expositions de 78 et de 89. Ce que vous désirez, ce que nous demandons tous c'est que l'Exposition permanente ne soit pas considérée comme une annexe sans importance de l'*Office Colonial*, comme un rouage sans valeur.

L'Exposition permanente devra être, au contraire, la base principale de l'enseignement colonial dont l'*Office* sera le complément nécessaire, afin d'éviter que, reléguées en un lieu où personne ne songerait à aller les visiter, les collections ne soient vouées au mépris des hommes de science et des travailleurs qui sauraient n'y pouvoir trouver que de très incomplets éléments d'instruction et à l'indifférence de la foule qui se garderait d'aller perdre son temps dans de poussiéreuses galeries où dormiraient des étoffes défraîchies et des produits avariés.

Ce ne sera offenser personne de dire que l'*Office Colonial*, tel qu'il fonctionne actuellement, n'est pas encore l'idéal, quoique ceux qui président à ses destinées rêvent de faire de cette institution la rivale des institutions de ce genre fonctionnant à l'étranger. S'il en devait être autrement, d'ailleurs, si l'*Office Colonial* devait rester ce qu'il est, c'est-à-dire l'embryon d'une œuvre utile, destiné à un avortement certain faute de moyens de développement, je suis bien convaincu que nous nous rangerions tous à l'avis de ceux qui demandent sa suppression. Mieux vaut rien qu'une institution établie sur de trop fragiles bases et condamnée à un fatal dépérissement, parce que, un essai qui ne donne pas les résultats espérés et attendus, nuit à l'idée même qui cependant peut être bonne. L'exemple de ce qu'il est advenu du primitif bureau des renseignements, puis de l'Exposition permanente doit être une leçon pour l'avenir. Mais je crois que c'est précisément au moment où sera réclamée la suppression de l'*Office Colonial*, comme rouage inutile, qu'il faut le plus énergiquement demander, non pas son maintien mais sa transformation complète sur des bases plus larges, plus solides, avec des matériaux plus résistants et d'après un plan plus vaste, plus complet, mieux approprié aux besoins d'aujourd'hui et aux nécessités de demain.

La création d'une Exposition permanente fournira donc l'occasion de reprendre en sous-œuvre l'organisation de l'*Office Colonial*, de la compléter, de la perfectionner et, en {s'inspirant de ce qui a été fait hors de chez nous, essayer de faire mieux encore.

DISPOSITIONS INTÉRIEURES

Le système d'exposition intégrale par colonie étant admis, comment seront organisées ces expositions particulières, dans quel ordre seront présentés les produits, quelles règles de classement convient-il d'adopter. Je ne vous parlerai d'abord, Messieurs, que de ce qui sera *montré*, me réservant de revenir ensuite sur ce qui devra être *dit*.

En entrant dans le pavillon d'une colonie, l'œil devrait être tout d'abord frappé par une grande carte du pays et par des peintures murales représentant quelques-uns de ses paysages les plus pittoresques et les plus « prenants ». Un diorama, du genre de ceux qui, au Trocadéro, ont attiré l'attention sur Mayotte, St-Pierre, etc., serait pour captiver l'attention du visiteur et lui donner, dès l'entrée, le désir de pousser plus avant son exploration. De grands tableaux indiquant l'importance de la production du pays, de son commerce, de son industrie seraient aussi de grande utilité.

Catégories spéciales.

L'exposition serait ensuite divisée en trois salles : une salle pour la *colonisation agricole*, une salle pour le *commerce*, une salle pour l'*industrie*.

Colonisation.

Dans la salle destinée à la colonisation agricole seraient exposés tous les produits du sol — *renouvelés à chaque récolte*, — les instruments agricoles en usage chez les européens et ceux employés encore par les indigènes. Je voudrais y voir aussi des photographies représentant les villages européens et indigènes, la reproduction de scènes de la vie du colon, des modèles de ferme et des fermes modèles, des indications, par l'aspect, des procédés culturaux en usage, tant pour les produits d'origine européenne acclimatés que pour les produits d'origine indigène, des mannequins portant le costume habituel du colon et d'autres habillés comme le sont les indigènes, des images représentant les animaux domestiques importés ou originaires du pays et aussi les animaux malfaisants. En un mot tout ce qui, de près ou de loin, est de nature à intéresser le cultivateur ou l'émigrant. Là encore trouveraient leur place des peintures du genre de celles qui, au Pavillon de l'Algérie ont été reléguées dans de petites loges représentant les plus importants ou les plus intéressants travaux des champs.

Commerce.

La salle du *commerce*, ainsi que l'a si bien indiqué M. Etienne dans son arrêté, serait divisée en deux classes : dans la première figureraient les marchandises d'importation aux colonies ; dans la seconde les marchandises d'exportation des colonies.

Les marchandises d'importation aux colonies seraient elles-mêmes divisées en marchandises d'origine française et en marchandises d'origine étrangère. Elles ne devraient pas être gardées jalousement sous verre, mais mises à la disposition des personnes qui, justifiant d'un intérêt à être mieux et plus complètement informées, demanderont à les voir de plus près, à les examiner en détail.

Pour les marchandises étrangères importées aux colonies, non seulement il serait permis aux intéressés de les voir et de les examiner avec soin, d'en étudier la forme et la composition, mais encore elles pourraient être envoyées en France dans les centres industriels qui en fabriquent de similaires ou pourraient en fabriquer de semblables. C'est ainsi que procède le musée oriental de Vienne qui expédie dans les centres industriels de l'Autriche des collections d'articles de provenance étrangère les plus fréquemment importés dans les Balkans, en Turquie, en Egypte, aux Indes, au Japon. C'est ainsi que procède aussi la Chambre de Commerce française de Charleroi qui expédie aux Chambres de Commerce de France, sous la seule réserve de prendre à leur charge les frais de transport, des collections de marchandises allemandes, anglaises, etc., vendues en Belgique, en les accompagnant d'une feuille de renseignements indiquant la nature des échantillons, leur provenance, les dimensions usuelles, les qualités demandées, le chiffre approximatif de la consommation, les prix, modes d'expédition, de payement, moyens et frais de transport, droits de douane, etc., etc.

On objectera que les collections ainsi envoyées ne feront pas retour à l'Exposition permanente ou reviendront abîmées, gâtées, inservables. Pour parer à ces probabilités de dégâts, il suffirait de constituer les collections à plusieurs exemplaires et cela sera d'autant plus facile qu'on aura pris soin de donner pour correspondant à l'Exposition permanente métropolitaine un musée colonial, ou plutôt un bureau de renseignements comme M. Jamais le premier en traça le plan. Ces correspondants coloniaux, dont quelques-uns existent déjà et fonctionnent régulièrement, auraient pour mission de mettre sous les yeux des acheteurs indigènes les produits de l'industrie française, et pour devoir d'alimenter l'Exposition permanente de collections d'échantillons des marchandises étrangères importées dans la colonie et aussi des produits de la colonie exportés en Europe ou pouvant l'être. Ces derniers formeraient, à l'Exposition coloniale, la seconde catégorie des marchandises : c'est-à-dire la catégorie des marchandises d'exportation des colonies.

Inutile de dire que marchandises d'exportation et d'importation seraient classées méthodiquement par espèces et par genre. Elles porteraient, en outre, une étiquette — très apparente et non libellée en caractères microscopiques — sur laquelle seraient mentionnés les renseignements généraux : origine, marchés de vente ou d'achat etc., et tous autres d'ordre général, permettant au visiteur de se rendre compte de la nature, de la destination, de l'origine de l'objet, de façon à l'intéresser et lui inspirer le désir d'être plus amplement informé.

Il est évident que pour obtenir de pratiques résultats, c'est-à-dire intéresser les commerçants d'abord et leur faciliter des affaires ensuite, les collections devraient être constamment renouvelées, c'est-à-dire qu'en seraient soigneusement éliminés les échantillons défraîchis, de même que seraient enlevés les types que la mode aurait remplacés par d'autres. Il va de soi, également, que lorsque l'échantillon existera à l'Exposition en quantité suffisante — et il devra en être toujours ainsi — il en pourra être prélevé, moyennant une faible redevance, une parcelle au profit du commerçant, de l'industriel ou du colon qui en fera la demande.

Industrie.

Enfin, la salle de l'*Industrie* comprendrait, avec les produits des industries locales : sucreries, rhumeries, etc. etc., des échantillons de minerais, de pierres, de marbres, etc., etc., des vues de mines ou carrières exploitées, des modèles de machines employées.

Quant au classement des produits, on n'en saurait indiquer de meilleur que celui qu'a si nettement défini M. J. Cousté dans son projet de création d'un Musée national du Commerce, parce que, d'une réelle simplicité, il est de nature à faciliter les recherches, à les rendre plus rapides et à éviter les erreurs. C'est d'ailleurs, à peu près, le système usité au Musée commercial de Bruxelles.

Dans chaque catégorie les échantillons seront disposés par groupes et par classes, selon les divisions des tableaux statistiques des douanes. L'étiquette fixée sur l'échantillon avec la mention de la nature et de l'origine du produit exposé portera :

1° Un numéro d'ordre particulier afférent à la date d'entrée de l'objet.

2° Un numéro d'ordre général renvoyant à un répertoire à fiches mobiles.

3° Un numéro d'ordre renvoyant aux lettres et documents qui auront accompagné l'envoi de l'échantillon.

Le premier numéro renverra à un Livre-Journal où seront inscrits, au jour le jour, au fur et à mesure de leur entrée, les différents échantillons, avec l'indication sommaire des pièces, documents et renseignements qui en accompagneront l'envoi.

Le deuxième numéro renverra à un répertoire général, à fiches mobiles, divisé par catégories, groupes, classes et suivant la classification adoptée. Cette fiche fera connaître : 1° la nature du produit exposé ; 2º son origine ; 3º son marché de vente ou d'achat ; 4º son mode de fabrication ; 5º les matières qui le composent ; 6º ses dimensions ; 7º son prix et ses conditions d'achat ou de vente ; 8º son prix de revient ; 9º les conditions spéciales de transport qui le concernent.

Éventuellement cette fiche indiquera le numéro de telle autre fiche relative à la catégorie des emballages.

Le troisième numéro permettra de retrouver les lettres et documents qui ont précédé, accompagné ou suivi l'envoi des échantillons. A cet effet, les pièces fournissant des renseignement sur les produits exposés seront groupées dans l'ordre adopté pour le classement des produits eux-mêmes.

Les documents relatifs aux échantillons d'une catégorie de produits seront réunis en fardes ; l'ensemble des fardes d'une catégorie constituera le dossier du groupe ; l'ensemble des dossiers du groupe formera le dossier de la classe et l'ensemble de ces dossiers constituera les archives de la Colonie. A la direction, où les doubles de ces documents seront envoyés, les dossiers des classes des diverses colonies seront réunis puis constitués en groupes et catégories de façon à ce que puissent être réunis, en peu de temps, tous les renseignements concernant un produit, sur ses débouchés et ses conditions de vente ou d'achat dans toutes les colonies françaises.

Voilà, Messieurs, aussi succinctement exposé que possible, ce que devrait *montrer* l'Exposition coloniale. Reste à examiner tout ce qu'elle devrait *dire*.

SERVICES COMPLÉMENTAIRES

Bibliothèque.

Dans son rapport sur l'*Office Colonial*, M Guillain prévoit une bibliothèque coloniale et cette bibliothèque existe. A l'Exposition coloniale il devrait être agencé une bibliothèque dans le pavillon de chaque colonie où seraient réunis tous les ouvrages décrivant cette colonie, ses ressources, son avenir, ou traitant de questions qui lui sont spéciales. Dans le pavillon central serait une bibliothèque renfermant tous les ouvrages d'ordre général, traitant de colonisation, d'administration coloniale, de commerce, d'industrie ou se rapportant particulièrement aux colonies étrangères.

Ces bibliothèques, dont le noyau existe déjà à l'*Office Colonial*, seraient très vite constituées et sans grands frais si on faisait appel au bon vouloir des auteurs, à la générosité et au patriotisme des éditeurs.

Dans ces bibliothèques, converties en salles de lecture à certaines heures, on trouverait naturellement tous les journaux des colonies, y compris les publications spéciales, bulletins de comices agricoles, revues commerciales et industrielles, etc. — lesquels seraient collectionnés avec soin, de façon à pouvoir être, à l'occasion, utilement consultés.

Renseignements.

Quant aux renseignements, l'Exposition coloniale permanente ne devrait pas se borner à les donner de façon vague ou incomplète. Ces renseignements devraient être toujours très détaillés, précis, complets, tels en un mot, qu'après les avoir reçus, l'intéressé puisse immédiatement, et sans autre enquête, préparer une affaire et l'entreprendre. L'Exposition coloniale devrait toujours pouvoir établir — non après de longues recherches ou une pénible enquête, mais de suite — pour le commerçant, pour l'industriel, pour l'émigrant qui lui en ferait la demande, ce que l'on peut appeler la « bibliographie » de la matière, c'est-à-dire réunir tous les renseignements qu'il est nécessaire de connaître avant d'entreprendre quelque chose. C'est d'ailleurs la mission principale des Musées commerciaux ; c'est ainsi qu'il est fait au Musée commercial de Bruxelles où, en un temps très court, on peut apprendre ce que coûte de transport, de droits de douane, de frais d'intermédiaires, l'expédition d'une marchandise quelconque, d'un centre industriel belge à un minuscule comptoir du centre africain ou de l'intérieur de la Chine, avec indication de la voie à suivre, des escales, transbordements et autres incidents de route.

Le service des renseignements de l'Exposition coloniale devrait être organisé de façon à ce que l'exactitude et la précision de ses indications ne puissent être mises en doute. Puisés directement aux meilleures sources, c'est-à-dire près des personnes les plus compétentes et les plus expérimentées, les renseignements de l'Exposition devraient constituer, à mon avis, la mine inépuisable où viendraient s'alimenter les journaux de la Métropole et des colonies, politiques ou spéciaux, car il me paraît anormal et bien fait pour justifier le scepticisme et l'indifférence des commerçants de procéder, comme le fait actuellement l'*Office colonial* qui avoue que « un service de coupures de journaux fait par le *Courrier de la Presse* a permis de constituer une source de renseignements économiques qui documentent tous les jours davantage le service commercial et lui facilitent ainsi la tâche de répondre aux demandes variées qu'il reçoit ».

Les commerçants, en effet, dédaignent trop souvent les renseignements officiels ou les accueillent mal et n'en tiennent aucun compte, parce que, disent-ils, ces renseignements, provenant de gens « qui n'entendent rien aux affaires », recueillis à la diable, réunis au petit bonheur, sont la plupart du temps inexacts. Nombreux sont les négociants qui ne demandent jamais rien aux agences officielles, parce que, disent-ils, ils en savent plus qu'elles. Il faut donc que par la multiplicité de ses indications, leur exactitude et leur opportunité, l'Exposition coloniale prouve aux commerçants français qu'elle peut leur enseigner bien des choses que sans elle ils continueraient à longtemps ignorer. C'est le moyen d'attirer à elle la confiance du monde du négoce.

A un producteur français, par exemple, l'Exposition coloniale ne
devra pas se contenter de fournir la statistique des importations de
la marchandise qui l'intéresse, dans les colonies françaises. Avec un
échantillon de ce que Anglais, Allemands, Américains, etc., importent
en Afrique française, en Indo-chine ou ailleurs dans ce genre, l'Exposition coloniale indiquera à quel prix sont vendues ces marchandises dans la colonie, quelles sont les maisons qui en font l'importation,
à quel prix ces marchandises reviennent dans les pays producteurs,
les droits dont elles sont grevées à leur entrée dans la colonie, la façon
dont elles sont emballées, celle dont elles sont vendues aux indigènes, le prix de transport à payer d'un port français à un port de
la colonie, etc. De même pour les produits coloniaux, l'Exposition
dira au commerçant qui en est acheteur, quels sont les centres les
plus importants de production, le mode d'achat, de payement, d'em-
ballage, le coût des moyens de transport, jusqu'à la côte, le droit
de sortie, le prix du fret, les marchés principaux en Europe, les prix
pratiqués et les conditions de vente, terme, escompte, etc.

Ici je crois utile d'établir une distinction dans les renseignements.
Il y a les renseignements généraux qui seront portés à la connaissance de tous et gratuitement ; il y a les renseignements particuliers,
ceux que je viens d'indiquer par exemple, qui, de nature confiden-
tielle et pouvant nécessiter des recherches, méritent de donner lieu
à une rétribution de la part de celui qui en bénéficiera. En dehors
de toute considération budgétaire, a dit M. Cousté qui, lui aussi était
partisan de la distinction, l'adoption de cette mesure s'impose à un
triple point de vue :

1o L'obligation de débourser une certaine somme, si minime qu'elle
soit, permettrait d'écarter au préalable une foule de questionneurs
oisifs, qui, sans autre but que de satisfaire leur vaine curiosité,
imposeraient au personnel de nombreuses recherches et une perte
de temps considérable, au préjudice des négociants, intéressés à
être promptement, sérieusement et copieusement renseignés.

2o Ceux-ci trouveraient alors dans le payement de la taxe même
la sécurité la plus absolue et le meilleur gage de la valeur des renseignements qui leur seraient fournis ; ils auraient le droit d'être
plus exigeants, et se trouvant toujours bien informés ils prendraient
l'habitude de s'adresser au Musée, dont ils deviendraient des clients
fidèles et assidus.

3o Enfin, ces recherches spéciales dans les archives devant aboutir
le plus souvent à une note écrite qui réunirait tous les renseignements reçus, pouvant nécessiter même toute une correspondance
pour être complétées ou mises à jour sur tel ou tel point spécial
signalé par le demandeur, il serait de toute justice que le travail
supplémentaire et les dépenses occasionnées par ces recherches
particulières fussent rémunérées par ceux-là mêmes qui seraient
appelés à s'en servir et à les faire tourner à leur profit.

Ce serait aussi un moyen de constater la nationalité du demandeur,
les renseignements de l'Exposition coloniale devant être, naturellement, réservés à l'usage des seuls Français.

De même pour la colonisation, l'Exposition coloniale devrait pouvoir indiquer le régime des terres dans chaque colonie et aussi dire à l'émigrant celles qu'il peut acquérir à titre onéreux, terres à défricher ou domaines en exploitation, celles qu'il peut obtenir par concession gratuite, lui faire connaître ce que lui coûtera son transport et celui de sa famille, les premiers frais d'installation, le coût de la vie, le prix des matériaux, du bétail, des instruments, des graines, etc., etc., et tout ce que le nouvel arrivant dans une colonie a besoin de savoir pour éviter d'inutiles dépenses et d'onéreuses pertes de temps.

Notices. Bulletin.

Les renseignements particuliers à l'émigrant — et j'entends ici par émigrant celui qui n'a pour tout bien que ses bras et son amour du travail, — l'Angleterre a une façon toute particulière de les porter à la connaissance des intéressés.

Il est probable que si nous avions adopté ce mode de publicité, en France, nous n'en serions pas à regretter, encore aujourd'hui, de voir nos nationaux partir pour l'Amérique du Sud et les colonies anglaises, alors que tant de places sont vacantes dans les colonies françaises, alors que tant d'étrangers envahissent tous les jours nos grandes colonies de l'Afrique du Nord : l'Algérie et la Tunisie.

En Angleterre, dans tous les bureaux de poste, une affiche donne la nomenclature des notices publiées sur les colonies anglaises par l'*Emigrants Information Office*. Ces notices, appelées *hand-books*, ne sont ni très volumineuses, ni très littéraires, mais dans leur rédaction laconique, elles indiquent à l'émigrant le bateau qu'il doit prendre, le prix et les conditions du passage, ce que lui coûtera, en arrivant, son logement et sa nourriture, où et à qui il devra s'adresser pour trouver de l'ouvrage, quels sont les ouvriers les plus demandés, le prix des terres, etc., etc. Et ces petits manuels sont fréquemment et périodiquement révisés. Quand l'émigrant a fixé son choix à la lecture de l'affiche, il s'adresse au guichet le plus voisin et demande contre payement d'un penny (*10 centimes*) le *hand-book* qui l'intéresse.

Si, à ce prix, l'Exposition coloniale publiait de semblables notices, elle ferait évidemment œuvre de bonne propagande et peut-être, en même temps, une excellente affaire.

La publication de ces petits cahiers de renseignements n'empêcherait pas qu'il soit édité de plus complètes notices, lesquelles, présentées sous une forme artistique, accompagnées de vues pittoresques et débarrassées des statistiques rébarbatives qui effrayent les profanes et leur font fermer avec précipitation les livres en contenant, contribueraient certainement à la vulgarisation de l'idée coloniale.

C'est ainsi qu'il est fait au Musée commercial de Philadelphie, lequel publie fréquemment des brochures de propagande et des monographies sur certains pays d'Amérique parcourus par des missions spéciales n'ayant en vue que l'étude des questions commerciales et la recherche des débouchés que les producteurs et industriels des États-Unis peuvent y trouver. Il est vrai que dans cet ordre d'idées les Américains sont aussi généreux que les Anglais.

Il serait bon, également, que le bulletin de l'Exposition coloniale, continuation de la feuille de renseignements que publie l'*Office colonial*, soit conçu de façon plus pratique, c'est-à-dire que par les renseignements recueillis il présente pour les commerçants coloniaux un intérêt plus direct, plus spécial, plus immédiat et qu'il soit aussi d'un format plus commode ; celui de l'ancienne *Revue Coloniale*, par exemple, ou du *Bulletin hebdommadaire du bureau des renseignements de l'Algérie* Que sa périodicité soit plus fréquente, ou que son texte soit plus important, ce bulletin, en outre des rapports ou études intéressant le Commerce, l'Industrie, l'Agriculture, la Colonisation, indiquerait les arrivages d'échantillons nouveaux à l'Exposition coloniale et les renseignements généraux les accompagnant. Ce bulletin donnerait aussi, avec les avis présentant un caractère d'actualité, les prix de vente des principales marchandises d'importation aux colonies et les cours sur les grands marchés d'Europe des plus importants produits coloniaux, sans compter les avis d'adjudication, modifications aux tarifs douaniers, etc., etc., que donne actuellement la feuille de renseignements.

Ce bulletin ne serait pas seulement envoyé gratuitement aux journaux, aux hommes politiques, aux assemblées commerciales ; il recevrait aussi des abonnements Je sais qu'on dira que les commerçants français ne lisent jamais les documents officiels qu'on leur communique et que, hors le bureau de la plupart de nos grandes maisons de commerce, on trouverait, non coupés, les bulletins ou brochures gratuitement distribués par les administrations officielles. Cela tient à ce que les commerçants n'ont pas, ou ont peu de confiance dans les rapports commerciaux. Nos agents, disent-ils, nous renseignent mieux et plus vite. Mais le jour où ils reconnaîtront que leurs agents leur en disent moins que le bulletin colonial, non seulement les négociants liront ce document avec attention, mais encore ils ne refuseront pas de payer un abonnement pour l'avoir.

Cet abonnement, ai-je besoin de le dire, devrait être d'un prix minime. Le bulletin du Musée commercial de Bruxelles paraît toutes les semaines, contient une quarantaine de pages, et son prix d'abonnement est de cinq francs par an.

Laboratoire.

Un autre service ne serait pas moins utile. Un laboratoire où seraient analysés les produits coloniaux, où serait étudié leur emploi dans l'industrie serait fort intéressant, surtout si ses découvertes, ses études, ses recherches, venaient s'ajouter, dans le service des renseignements, aux nombreuses indications déjà recueillies et si ce laboratoire, en outre de ses travaux, suivait avec attention ceux poursuivis dans le monde savant pour la meilleure application d'un produit dans l'industrie, ou la recherche d'un produit à une industrie.

SERVICES ACCESSOIRES

Salle de conférences.

Il serait à souhaiter que dans le bâtiment central de l'Exposition coloniale, soit aménagée une salle de conférences, non de proportions très vastes, mais cependant de dimensions suffisantes — moins exiguë par conséquent que la salle des conférences du Ministère des Colonies à l'Exposition — où voyageurs et savants, coloniaux et explorateurs viendraient entretenir le public de questions économiques d'actualité, dire ce qu'ils ont fait dans une colonie, rapporter ce qu'ils ont vu au cours d'une exploration, d'un voyage, d'une mission dans une colonie française ou dans une colonie étrangère.

Lieu de réunion.

Se préoccuper un peu des coloniaux qui viennent à Paris, leur préparer un lieu de réunion, en même temps rendre agréable aux visiteurs par de petites et peu coûteuses prévenances le séjour au milieu des collections, ce n'est pas s'écarter du programme que doit remplir une Exposition coloniale permanente. Dans ce but, si on trouve excessif d'adopter le procédé des Anglais qui, fort amoureux du confort, dotent leurs musées de lavatory, grill-room, luncheon, etc., etc., on pourrait, au moins, ménager dans les salles de bibliothèques des tables munies de « tout ce qu'il faut pour écrire », où les visiteurs, en lisant les journaux coloniaux, pourraient faire leur correspondance.

Les salles de l'Exposition, est-il besoin de le dire, seraient convenablement aérées et aussi chauffées et éclairées dans de bonnes conditions, de façon à rendre, hiver comme été, leur séjour agréable. On dira que tant de bonnes choses attireront beaucoup d'oisifs qui ne fréquenteront pas le Musée pour s'instruire, mais seulement pour profiter du chauffage, de l'éclairage, du papier à lettre et des journaux. Qu'importe ! Ne vaut-il pas mieux accueillir inutilement dix personnes que de manquer d'en retenir utilement une seule ? Et puis, qui sait si parmi ceux qui viendront à l'Exposition pour s'y chauffer, il n'en sera pas qui, à la lecture des journaux coloniaux, à la vue des objets, seront tentés de changer de vie et d'aller coloniser à leur tour ?

Collections agricoles. Collections scolaires.

Puisque je suis incidemment amené à reparler de l'éducation coloniale, qu'il me soit permis de dire aussi qu'il serait à souhaiter que dans la section de colonisation figurent les résultats d'expériences du Jardin Colonial de Nogent, que soient mis sous les yeux des visiteurs ses travaux, ses recherches et aussi ses insuccès afin de les éviter à d'autres.

Il serait à désirer aussi que l'Exposition coloniale, quand elle sera en plein fonctionnement, soit à même de fournir aux écoles qui en feraient la demande des collections d'échantillons des principaux produits coloniaux, ainsi que des vues photographiques des plus jolis sites. C'est ce que fait le Musée colonial de Haarlem qui, non content d'apprendre aux hommes les richesses de Java et de Sumatra, habitue aussi les enfants à connaître les ressources des colonies hollandaises et à apprécier de bonne heure le parti qu'ils en pourront tirer plus tard.

Visite du Musée.

Naturellement la visite de l'Exposition coloniale serait en tous temps gratuite et ses heures d'ouverture et de fermeture réglées de façon à ce que son accès ne constitue pas un privilège pour la caste des désœuvrés ou l'aristocratie de ceux qui, à leur volonté et leur fantaisie, disposent de leur temps. L'Exposition coloniale, destinée à instruire tout le monde, doit être rendue accessible à tout le monde.

Emplacements payants.

Je ne dirai qu'un mot, Messieurs, du pittoresque. En même temps qu'une source de revenus qui ne serait point à dédaigner, l'autorisation donnée à quelques indigènes d'installer de petits commerces de marchandises de fabrication coloniale serait d'un appoint appréciable pour augmenter l'attrait de l'Exposition. Quand je dis « commerce indigène » je n'entends pas parler de ces camelots d'Afrique ou d'Indo-Chine qui encombrent les Expositions universelles et vendent aux naïfs des bibelots ridicules, n'ayant d'exotique que le qualificatif, et fabriqués tout expressément par d'ingénieux industriels parisiens. Mais si on trouvait à l'Exposition coloniale des représentants d'industries spéciales à certaines colonies, tapis et broderies d'Algérie et de Tunisie, soies d'Indo-Chine, thés de l'Annam, cafés de la Nouvelle-Calédonie, rhums de la Martinique, etc., le côté instructif ne serait point sacrifié ni compromis. Il s'agirait donc de choisir, de n'autoriser que la représentation d'industries coloniales et la vente, à titre d'échantillon seulement, bien entendu, de certains produits dont l'écoulement à la consommation en France, serait ainsi aidé et développé.

Reprenant le fonctionnement des *Export Müsterlager*, je crois qu'il serait bon aussi de permettre aux industriels français, fabriquant spécialement pour les colonies et qui le jugeraient profitable à l'extension de leurs affaires, d'exposer leurs articles moyennant le payement d'une redevance dont la quotité serait, d'ailleurs, relativement minime.

Telle est, Messieurs, l'organisation d'une Exposition coloniale permanente, comme recommandent qu'elle soit l'expérience et la connaissance de ce qui existe déjà à l'étranger. Il me reste à examiner comment, et par qui, doit être administrée une institution de ce genre, à vous parler de son personnel, à établir son budget.

ADMINISTRATION

Conseil d'administration.

Je ne crois pas utile, dans l'administration supérieure, d'établir la dualité qui existe à l'*Office Colonial*, lequel fonctionne sous la haute surveillance d'un conseil de perfectionnement comprenant les membres du Comité consultatif de l'Agriculture, du Commerce et de l'Industrie, auxquels sont adjoints les présidents des principales Chambre de Commerce de France, et est administré par un conseil composé de sept membres, dont quatre choisis parmi les membres du conseil de perfectionnement et trois représentants de l'administration, tous nommés par le Ministre. Il me paraît que la nécessité de ces deux conseils n'est pas absolument démontrée. Un seul comité doit suffire pour « administrer et perfectionner »; deux, au contraire, ne peuvent que nuire à la bonne marche de l'institution s'ils ne sont pas d'accord, et s'ils le sont ils prouvent que l'un d'eux est tout simplement un rouage superflu.

Un seul conseil suffira donc et, judicieusement composé, régulièrement convoqué, il fera d'excellente besogne. Bien que partisan des assemblées peu nombreuses, parce que j'estime que moins on est à discuter, meilleur, plus important et plus vite exécuté est le travail, je crois qu'il faut porter à 15 le nombre des membres du conseil d'administration de l'Exposition permanente des colonies, afin d'y faire figurer les délégués de collectivités ayant droit à être représentées.

Les 15 membres du conseil d'administration de l'Exposition coloniale permanente seraient :

Un délégué du ministère des colonies

Un député, un sénateur nommés par chaque assemblée. Le Parlement étant appelé à voter des fonds doit avoir des représentants dans le comité pour en contrôler l'emploi.

Un délégué de la Chambre de Commerce de Paris, représentant les commerçants.

Un délégué du conseil municipal de Paris, lequel est intéressé à prendre part à la direction de l'Exposition, cette exposition étant pour Paris un embellissement.

Sept délégués coloniaux, choisis par les colonies elles-mêmes à raison d'un par groupe comme il est dit au classement général.

Trois délégués d'associations coloniales : Société de Géographie commerciale, Union coloniale, Comité Dupleix, Associations de presse, etc., etc., désignés par le Ministre.

Ainsi seraient équitablement représentés tous les intérêts en jeu : les colonies par leurs sept délégués; la métropole par les sept autres; le représentant du ministre restant pour arbitre dans les fonctions de président. Ces fonctions de délégué au conseil d'administration seraient gratuites.

Personnel.

Quant au choix du personnel actif, c'est ici que se place admirablement l'application du principe anglais « the right man in the right place ». S'il faut, sous peine de rendre inutile l'excellente chose que sont les musées commerciaux, en confier la direction à des hommes que leurs études antérieures, ou leur expérience commerciale ont plus particulièrement préparés à remplir le rôle d'éducateurs intelligents de leurs compatriotes, il n'est pas moins utile de faire appel aux seules « capacités » pour la préparation, l'administration et la direction de l'Exposition coloniale. L'Exposition permanente, ses collections, ses renseignements, sa bibliothèque, son laboratoire, l'institution tout entière ne vaudra que par la valeur de ceux qui seront mis à sa tête.

Le fonctionnement de l'Exposition devant être à peu près celui d'une maison de commerce bien organisée, son personnel doit être suffisant pour faire face à toutes les demandes sans embarras et sans retard. Il ne doit pas être trop nombreux, pour éviter qu'ayant trop peu à faire, ce personnel prenne l'habitude de ne rien faire d'autre que de longs rapports annuels sur des travaux problématiques ou simplement entrevus en rêve et demeurés en projets.

Ce personnel comprendrait :

Un directeur ayant la haute main sur tous les services, avec

Un commis de direction,

Un agent comptable,

Trois sous-directeurs placés à la tête de trois grandes divisions un pour l'Asie, un pour l'Afrique, un pour l'Amérique et l'Océanie,

Sept conservateurs, un conservateur par groupe de colonies,

Un chef de laboratoire,

Huit gardiens de bureaux.

Attributions.

Le directeur aurait pour attributions :

Le dépouillement de la correspondance, la signature de toutes les lettres, documents émanant de l'Exposition ou la concernant, la haute direction de la publicité à donner aux opérations de l'Exposition, et la rédaction de son bulletin. La délivrance de tous les renseignements spéciaux suivant l'opportunité des demandes. Les communications à la Presse. La centralisation de tous les documents intéressant l'exportation. La surveillance de tous les services. L'établissement du répertoire général des dossiers. La répartition des échantillons.

Les sous-directeurs, assistés de leurs conservateurs, procéderaient à l'organisation des groupes, à l'installation des échantillons, au classement des produits. Ils auraient en outre pour mission, chacun en ce qui concerne les colonies relevant de son groupe, de préparer les réponses aux demandes de renseignements, de compléter les fiches accompagnant les échantillons au moyen des documents reçus, et de provoquer l'envoi des renseignements ou d'échantillons manquant. Les conservateurs seraient spécialement chargés de fournir aux vendeurs tous les renseignements généraux qui leur seraient demandés et de délivrer, après autorisation préalable du directeur, tous les renseignements spéciaux ne devant être donnés que moyennant l'acquittement d'une taxe déterminée.

Enfin les gardiens, auxquels pourraient être adjoints des militaires des colonies: spahis, tirailleurs algériens, sénégalais, haoussas, annamites, sakalaves, veilleraient sur les collections

BUDGET

Dépenses.

Une telle organisation entraînera inévitablement des dépenses fort élevées.

En premier lieu il faut prévoir le renouvellement, le rafraîchissement des collections et leur mise à jour. En ce qui concerne les produits des colonies et les marchandises de la métropole, il sera relativement facile de se procurer des échantillons. Il n'en sera pas de même des marchandises d'origine étrangère qu'il est indispensable cependant de placer sous les yeux des fabricants français.

La recherche de ces échantillons et leur classement avec toutes les indications d'origine, de prix, de transport, etc., nécessitera forcément quelques dépenses. En outre, dans le but de renseigner sur toutes choses, l'Exposition coloniale devra utiliser des intermédiaires dans les colonies : membres de Chambres de commerce, d'agents spéciaux, voyageurs, etc., et même organiser des missions spécialement commerciales, en dehors de celles que continuerait à subventionner le ministère des colonies, au point de vue géographique, politique ou administratif. Tout cela : achat d'échantillons, recherche de renseignements, voyages, formera un total que j'évalue à 60.000 fr.

Les frais de bureau et de correspondance seront aussi très élevés : dans les premiers temps pour recueillir des renseignements et plus tard pour en donner. Pour frais de bureau et de correspondance, j'inscris 6000 fr.

La publication d'un bulletin hebdomadaire avec 16 pages de texte par exemple, format in-4º, coûterait 30.000 fr. environ. Ce chiffre pourrait être réduit par des recettes provenant d'annonces ou des concessions que ferait un éditeur qui prendrait l'entreprise du bulletin à ses risques et périls.

L'entretien des locaux mérite une inscription spéciale de 6000 fr. et c'est 8000 fr. à peu près qu'il faut prévoir pour les frais d'assurances. Quant au chauffage et à l'éclairage, 10.000 fr. suffiront pour couvrir ces dépenses.

Enfin, en supposant qu'il y ait lieu de décider que les frais de premier établissement devront être remboursés, c'est une somme de 100.000 fr. qu'il conviendrait de mettre en réserve pour ce paragraphe.

Quant aux appointements du personnel, ayant posé le principe du nombre restreint, mais compétent et actif, il convient de le compléter par cet autre qui consiste à payer largement un travail difficile et bien fait. Il faut que les agents de l'Exposition coloniale se dévouent entièrement à l'œuvre entreprise, et pour qu'il en soit ainsi il faut les bien rémunérer.

C'est encore le système anglais : peu de fonctionnaires, mais tous jouissant de traitements les attachant à leurs fonctions et leur permettant de tenir un rang conforme. C'est aussi le seul moyen d'acquérir le droit d'exiger beaucoup. Or, conçu comme ci-dessus, il est incontestable que le fonctionnement de l'Exposition coloniale demandera un travail très assujettissant, une présence de tous les instants, une activité et une initiative sans cesse en éveil. Je propose les bases suivantes :

Un directeur	15.000
Un sous-directeur, Afrique	10.000
— — Asie	8.000
— — Amérique et Océanie.	6.000
Quatre conservateurs, à 3 000	12.000
Quatre conservateurs, à 4 000	16.000
Un commis de direction	2.500
Un agent-comptable.	3.000
Un chef de laboratoire.	4 000
Un aide.	2.000
Huit gardiens, à 1.500	12.000
	90.500
Gratifications calculées sur le 1|10 des appointements	9.500
Total	100.000

Enfin, quand seront entrés en ligne 5.000 francs d'achats : 1° de livres pour la bibliothèque ; 2° d'instruments et de produits pour le laboratoire et 5.000 fr. de dépenses imprévues, le budget des dépenses de l'Exposition coloniale permanente sera ainsi établi :

Achat d'échantillons, frais de renseignements et des missions	60.000
Frais de bureau et de correspondance.	6.000
Frais de publicité	30.000
Entretien locatif.	6.000
Assurances	8.000
Chauffage et éclairage.	10.000
Personnel	100.000
Bibliothèque et laboratoire	5.000
Dépenses imprévues	5.000
	230.000

Report	230.000
Impression de notices diverses	10.000
Annuité d'amortissement	100.000
Total . . .	310.000

Recettes.

Pour faire face à ces dépenses, les recettes peuvent être de deux natures : celles faites directement par les services du musée ; celles constituées par des dons ou subventions.

Les premières seraient fournies : 1º par la location d'emplacements à des exposants industriels ou à des producteurs ; 2º par le produit des demandes de renseignements et de prélèvements d'échantillons; 3º par les redevances d'industriels coloniaux autorisés à vendre ; 4º par le produit des abonnements au bulletin ; 5º par le produit des annonces dans les notices Toutes ces recettes doivent être comptées pour un minimum, bien entendu, afin de ne pas occasionner de mécompte. Je crois préférable encore de ne les faire figurer que pour mémoire, — bien qu'elles soient appréciables, — afin de mieux nous rendre compte des sacrifices que l'Etat, la Ville de Paris et les Colonies devraient, au maximum, s'imposer, pour assurer, par leurs seules subventions, l'existence et le fonctionnement de l'Exposition coloniale.

La Ville de Paris ne refuserait probablement pas une subvention annuelle de 50 000 francs à une institution qui constituerait un très original embellissement pour la capitale, en même temps qu'une création très profitable au commerce parisien.

En portant à 30.000 fr. la contribution des Chambres de Commerce de France, il n'y aura pas exagération puisque cette somme ne constitue qu'une souscription moyenne de 200 fr. par Chambre de Commerce. Les Chambres des grandes villes, qui donneront beaucoup plus, remplaceront celles des petites villes qui ne pourront rien donner.

Il est de toute justice, également, que les colonies contribuent pour une part notable au fonctionnement d'une institution ayant uniquement pour but leur prospérité et leur développement. Je taxe les colonies en bloc pour 160.000 fr. Ce chiffre ne sera pas jugé excessif si on se rappelle qu'annuellement l'Algérie dépense 70.000 fr. pour son bureau de renseignements, que Madagascar, l'Indo-Chine etc., ont aussi, inscrit à leur budget pour leur propagande, des sommes bien supérieures à celles qui leur seraient imposées par la répartition des 160 000 fr. d'une contribution collective. Ensuite, pour toutes les colonies, cette subvention annuelle, si élevée qu'elle puisse paraître, sera loin de représenter, au bout de dix années, le montant des dépenses nécessitées par les Expositions universelles qui, si elles ne sont inutiles, sont loin de produire cependant des résultats équivalents à leur coût. Je fixe — et ces chiffres n'ont évidemment rien de définitif et ne peuvent être pris que comme simple indication — la contribution de :

Algérie	40.000
Tunisie	20.000
Colonies de la Côte Occidentale . . .	20.000
Congo.	15.000
Madagascar, Réunion.	20.000
Indo-Chine.	35.000
Colonies de l'Océanie	10.000
Colonies d'Amérique.	10.000
Total.	160.000

Quant au Gouvernement, sa quote-part ne serait pas trop élevée si elle est inscrite pour 100 000 fr. représentant, en somme, l'annuité d'amortissement du capital employé à l'établissement de l'Exposition coloniale. L'Etat donnant actuellement 21.000 fr. à l'*Office colonial*, ce ne serait qu'une augmentation de crédit de 80.000 fr. qui serait à demander au Parlement pour assurer le fonctionnement d'un service autrement important que l'Office actuel.

En résumé les prévisions des recettes annuelles seraient :

Subventions des Chambres de commerce . . .		30.000
—	de la Ville de Paris	50.000
—	de l'Etat	100.000
—	des Colonies.	160.000
Produit des abonnements		Memoire
—	des locations	Memoire
—	des demandes de renseign^t et d'échan^{ton}	Memoire
	Total. . . .	340.000

Les recettes provenant de ces trois derniers chapitres et qui ne tarderaient pas à atteindre un chiffre respectable au bout de peu de temps — j'estime à une quarantaine de mille francs ce que donneront de recettes dans deux ou trois ans, peut-être avant, les locations, abonnements et demandes de renseignements — cette somme viendrait en déduction des subventions et ce au prorata de la contribution de chacun.

CONCLUSIONS

L'organisation et le fonctionnement de l'Exposition coloniale décrits et son budget annuel établi, reste à évaluer le coût de son établissement, c'est-à-dire : calculer les dépenses de construction des bâtiments, aménagement des salles, achat de mobilier, etc., et à indiquer le moyen de faire face à ces dépenses que l'on peut et doit prévoir assez élevées. Il est difficile de préciser exactement le montant total de ces dépenses, variables suivant qu'il sera fait plus ou moins beau, plus ou moins vaste, plus ou moins somptueux.

Laisser à chaque colonie le soin d'adopter le plan de son pavillon, d'en poursuivre l'édification au moyen de ses propres ressources risquerait de compromettre l'aspect d'ensemble de cette représentation de la France d'Outre-Mer. Les colonies riches feraient peut-être et inutilement trop grand et trop beau; les moins importantes seraient peut-être réduites à se contenter de très médiocres constructions. Il me paraît préférable, pour cette raison, de faire procéder à l'exécution des pavillons de groupes par la direction de l'Exposition.

Dans ces conditions, les colonies n'ayant pas liberté de construire et de dépenser à leur guise, il ne serait pas juste de leur demander de contribuer à ces dépenses. Demander au Gouvernement ou à la Ville de Paris de fournir les 2 ou 3 millions que pourra coûter l'édification et l'installation de l'Exposition coloniale serait exposer le projet à ne jamais aboutir. Le budget de l'Etat est équilibré avec trop de peine chaque année et celui de la Ville de Paris est affligé de trop lourdes charges pour qu'on puisse espérer trouver dans leurs colonnes des ressources disponibles en quantité suffisante.

Les frais de premier établissement de l'Exposition coloniale ne s'élèveront pas à moins de 3 millions. Bien que n'ayant ni plan ni devis pour la justifier, on peut s'arrêter à cette évaluation. M. Cousté, dans son projet d'édification d'un musée commercial à Paris, pour lequel il ne prévoyait que la construction d'un grand bâtiment mais avec achat de terrain à 250 francs le mètre, estimait que les dépenses de construction et d'installation s'élèveraient à 2 millions. Mettons donc pour l'Exposition coloniale, avec ses pavillons divers, ses jardins, etc., un million de plus, soit trois millions. Ces millions où les trouver, où les prendre, si l'Etat, la Ville de Paris et les Colonies ne peuvent ou ne veulent les donner.

On pourrait, puisque une annuité de 100.000 francs a été prévue au budget pour amortissement du capital engagé, recourir à l'émission de bons à lots, remboursables en cinquante années, par exemple, ainsi qu'il a été fait pour les associations de presse et pour le Congo.

Cette combinaison aurait l'avantage de ne grever ni le budget de l'Etat, ni celui des colonies et de faire participer la France entière à la création d'une institution, utile à la Métropole et profitable aux Colonies. Mais il en est une autre qui, aussi avantageuse pour les pouvoirs publics, aurait le grand mérite d'alléger d'une lourde charge le budget de l'Exposition elle-même. Je veux parler d'une loterie. C'est par des loteries que nombre d'œuvres se créent journellement d'importantes ressources, c'est dans des loteries que les Expositions universelles ont trouvé partie notable des millions nécessaires aux travaux qu'elles avaient à entreprendre; c'est à une loterie qu'ont été demandés les millions que réclamaient les Arts décoratifs. Pourquoi ce qui a été fait pour les Expositions Internationales, dont les conséquences heureuses pour le pays ont été souvent contestées, le Gouvernement ne le ferait-il pas, en de bien moindres proportions, pour une Exposition Coloniale permanente ?

Trouvant dans une loterie le capital nécessaire à ses travaux d'installation et d'aménagement, l'Exposition coloniale, installée comme le mérite, comme l'exige l'importance et l'avenir des Colonies, c'est-à-dire grandiosement, ne coûterait rien à l'Etat, rien à la Ville de Paris et rien aux Colonies. En outre, son budget pourrait être allégé des 100.000 francs prévus pour amortissement du capital engagé, ce qui réduirait d'un tiers toutes les subventions demandées, le budget des dépenses n'exigeant plus, pour être couvert, que 240.000 francs au lieu de 340.000 francs. L'Exposition coloniale permanente serait ainsi l'œuvre de tous, comme le domaine colonial de la France a été l'œuvre commune à laquelle tous ont participé, du petit soldat et du modeste fonctionnaire au grand chef.

Tel est, Messieurs, le plan d'organisation d'une Exposition permanente des Colonies que vous m'avez chargé d'établir et que je vous soumets avec ses inévitables lacunes et toutes les imperfections d'une esquisse, d'une ébauche, lacunes et imperfections que la discussion comblera ou fera disparaître.

Je crois cependant utile, avant de terminer, de donner à cette œuvre coloniale, dont notre congrès a décidé de poursuivre énergiquement la réalisation, son véritable titre et son vrai nom.

Il est, dans le monde du négoce, un précepte qui dit qu'il vaut mieux créer une maison que s'acharner à en faire revivre une abandonnée par la clientèle. Or, si on conservait à l'institution nouvelle le titre que portait l'ancienne, il serait à craindre qu'elle soit accueillie par la même indifférence, la même insouciance, le même scepticisme par les industriels, les commerçants et les colons. Et puis, l'Exposition coloniale projetée sera, nous l'avons vu, le véritable musée des colonies, où la France viendra apprendre à connaître ses richesses coloniales, comme elle va au Louvre admirer ses richesses artistiques. Le titre de Musée Colonial serait donc plus juste et préférable à celui d'Exposition permanente des colonies parce que plus nouveau et mieux en situation.

Mais ce n'est pas du jour au lendemain que ce Musée sera livré à la curiosité de la foule ; il faudra du temps pour construire les bâtiments, pour aménager les salles, pour recueillir et classer des collections et des renseignements. Or, notre Congrès a demandé que le noyau initial de ce musée soit formé par les collections existant à l'Exposition de 1900. C'est fort bien et il n'est pas douteux que les colonies consentiront à faire abandon de tous les objets qui garnissaient leurs pavillons du Trocadéro, avec promesse de s'employer activement à en rechercher d'autres et à en faire l'envoi. Mais, en attendant que soient construits les bâtiments du musée colonial, où logera-t-on les collections de l'Exposition de 1900, où pourra-t-on en préparer le catalogue et le classement ? Les emplacements ne feront pas défaut. La direction de l'Exposition, fort probablement, ne refusera pas de céder un pavillon, et si la construction légère de cet édifice ne permet pas d'espérer qu'il offre suffisamment de résistance aux intempéries des saisons, il sera toujours possible d'abandonner aux premières collections du Musée colonial, un coin de la Galerie des machines, par exemple. Il est à souhaiter, en tout cas, que l'abri choisi soit assez précaire pour garantir que, adopté provisoirement, il ne risque pas de devenir lamentablement définitif. Plus cet abri sera imparfait et incommode et plus de chances il y aura qu'on se hâte d'élever le monument définitif du Musée colonial.

Mais il ne suffit pas, Messieurs, d'élaborer un plan et d'établir un projet ; il faut poursuivre l'exécution de ce plan et la réalisation de ce projet : c'est la mission dont nous ont chargés nos confrères de la Presse coloniale.

Pour assurer l'exécution de notre projet, Messieurs, nous devons faire appel à tous les concours et à toutes les bonnes volontés. Quand, autour du projet de Musée colonial, toutes les bonnes volontés, toutes les compétences seront groupées, les pouvoirs publics ne pourront refuser de prendre en mains son organisation. Le Musée colonial sera créé.

Et s'il advient qu'au cours de notre campagne en faveur de la création de cette institution utile nous rencontrions des indifférences ou des mauvais vouloir ; si même ce Musée colonial, dont nous poursuivrons cependant l'édification avec énergie et persévérance, reste de longues années à l'état de projet, nous aurons au moins la satifaction, nous, d'avoir fait notre devoir. Et nous laisserons à d'autres la responsabilité du retard qu'aura subi la mise en valeur, par nos compatriotes, du riche domaine d'outre-mer dont la conquête a coûté tant d'or, tant de sang et tant de larmes, mais qui a suscité aussi tant de courage, tant de vaillance et tant d'héroïsme.

F. LAURENS.

DÉLIBÉRATION

Après avoir converti le rapport ci-dessus en délibération, et considérant qu'il importe de provoquer et de recueillir, dans la plus large mesure possible, les observations pratiques et les adhésions effectives auxquelles pourra donner lieu l'examen du projet.

La commission permanente du Congrès de la Presse Coloniale décide qu'appel sera fait aux associations coloniales, en vue d'une action commune ultérieure.

TABLE DES MATIÈRES

BIBLIOTHÈQUE NATIONALE — R. F. — IMPRIMÉS

Imprimerie de l'Album National, 46, rue Sainte-Anne, Paris

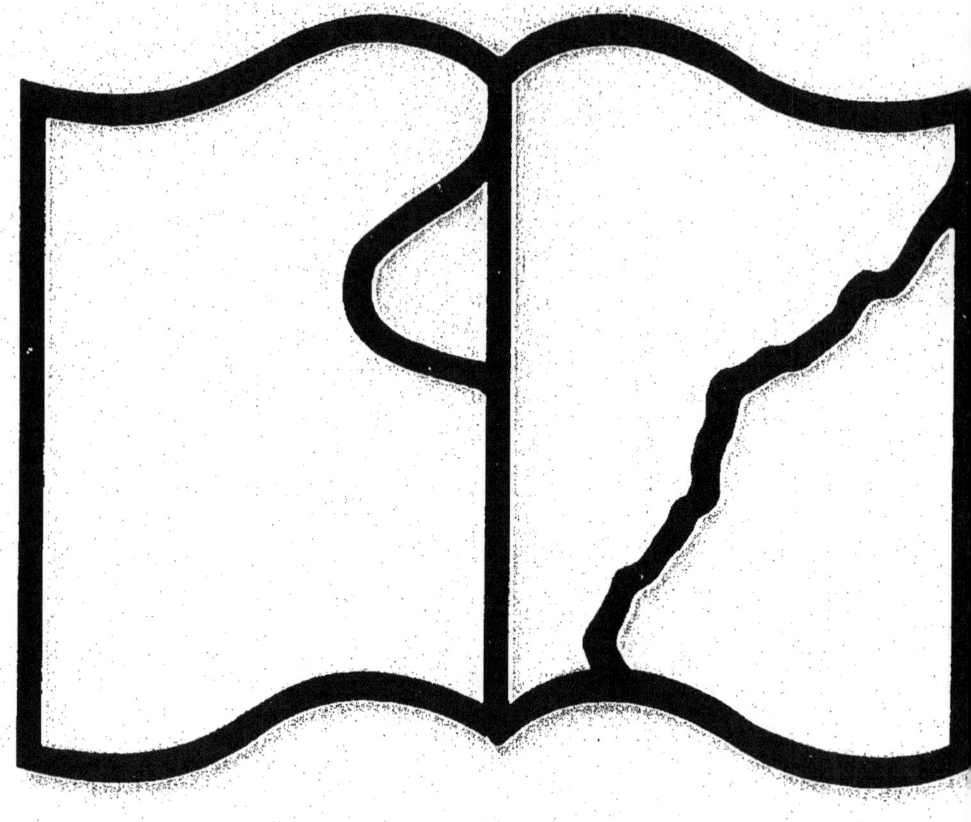

Texte détérioré — reliure défectueuse

NF Z 43-120-11

www.ingramcontent.com/pod-product-compliance
Lightning Source LLC
Chambersburg PA
CBHW061335050726
47595CB00005B/1935